W O R L D T O N G L I

世界同里

同里镇人民政府 编

故事

古吴轩出版社
中国·苏州

图书在版编目（CIP）数据

世界同里·故事 / 同里镇人民政府编. -- 苏州 :
古吴轩出版社, 2019.11
ISBN 978-7-5546-1478-5

Ⅰ. ①世… Ⅱ. ①同… Ⅲ. ①乡镇－概况－吴江
Ⅳ. ①K925.35

中国版本图书馆CIP数据核字(2019)第263776号

责任编辑：俞 都
特约编辑：蒋园园
装帧设计：吴慧颖
责任校对：徐小良 石小雨
摄　　影：陈建宏 苏 军 吴 斌 沈 忱 刘玉娟
王 晔 饶玉丹 柴培方 王 波 钮泉娜
黄少华 钮益中 潘国平 李志荣 陈生贵
沈利民 邹秋林 杨学勤等
（部分照片由同里镇人民政府、同里国家湿地公园提供）

书　　名：世界同里·故事
编　　者：同里镇人民政府
出版发行：古吴轩出版社
地址：苏州市十梓街458号　邮编：215006
电话：0512-65233679　传真：0512-65220750
出 版 人：钱经纬
印　　刷：苏州市越洋印刷有限公司
开　　本：889×1194　1/16
印　　张：6.5
版　　次：2019年11月第1版　第1次印刷
书　　号：ISBN 978-7-5546-1478-5
定　　价：20.00元

我有茶，你有故事吗？

最近，手机开始频繁收到电商“双十一”的促销短信，猛然惊觉2019年仅剩两个多月了。

小时候写作文，形容时光飞逝，总喜欢用“时光荏苒”“岁月如梭”“白驹过隙”作为开场白。如果说年少时总有“为赋新词强说愁”的一知半解的幼稚，那长大后的自己，是真的体会到了这些词所包含的意义。

岁月是什么？岁月也许就是不再欣喜地等待着多少天后的“剁手”，而是默默地更改了短信提醒设置，毕竟，有些信息更重要。

比如喜欢的人的。周华健在歌里唱着“我决定不躲了 / 你决定不怕了 / 我们决定了让爱像绿草原滋长着 / 天地辽阔相遇多难得”…… 那个可以说着“往后余生，也请多多关照”的人，那个一起走入人生下一阶段的人。2019年，你与你的爱情相遇了吗？

比如家人的。人有时候很奇怪，面对陌生人可以极尽友好，可面对身边最亲近的家人，却常常忍不住横眉冷对。然而，纵有多少争吵，家人始终牵绊着彼此，直到分别的那一刻。有人说：“父母在，人生尚有来处；父母去，人生只剩归途。”2019年，你与你的家人和解了吗？

比如孩子的。当那个软绵绵、香喷喷的小身体来到你怀中，你突然发现，心底某个地方，变得那么柔软。曾经你也是妈妈怀里好像永远长不大的孩子，如今为人父、为人母，你褪去稚气，放下胆怯，愿意身披铠甲，为了他（她）征战世界。2019年，你与你的孩子更亲密了吗？

……

岁月沉淀，每个人都会成为有故事的人。

每个地方都会装满一个个可以咀嚼良久的故事。

走上街头，微凉的寒意，淡淡的桂香，秋天是真的来了。

这个秋天，你带上故事，来同里，我请你喝茶啊。

Contents
世界同里
我爱你
中国

卷首语 |

封面故事 |

特别关注 |

倾听同里 |

WORLD TONGLI

Contents
世界同里
水云间
精品客栈

WORLD TONGLI

神元铁皮石斛种植基地
庄前
东韩墅
五月田农场
旺塘东路
台湾乌龙茶园
三港配送
鸭头浜
紫韵园艺
江澜农业
5号门
品尚园艺
怡艺源设
苏同黎路
旺塘
堰浜
西埝
高田
2号门
北环路
苏北路
村委会
润汇配送
锦鲤养殖
鱼苗中心
罗田上
北联游客中心
村民大舞台+北联农庄
夏家浜
垂钓中心
洋溢港
西环路
流水养鱼
观光塔
稻田画
水上小木屋
有机稻
WC
P

《同里北联乡村乐趣游手绘地图》正式首发！

此次推出的手绘版地图不仅画风“呆萌”，还囊括了同里北联周边的各大打卡点。同时，北联游客中心、公共卫生间等服务指南也能在这张手绘地图上找到，让你的旅行更加畅通便利。

农文旅融合发展
讲好同里故事

以文兴旅、以旅彰文、科技赋能、产业叠加、点状融合，
在岁月的流逝和磨砺中，
古镇同里以“全域旅游”发展为载体，
以现代农业产业园、国家湿地公园建设为契机，
统筹古镇、生态、乡村、农业等多种元素，
推进旅游产业、文化产业、农业产业融合发展，
积极推进同里的乡村振兴。
同里的未来可期。

在时间、空间和主体三个维度的打造下，
一座农文旅融合示范区将亮相于众人眼前，
而“千年古镇　世界同里”的品牌，
将会被不断赋予新的内涵。
同里的美妙故事还将继续讲下去。

同里，京杭运河畔的千年古镇。这里有幽静深邃的小巷，十余项非物质文化遗产源远流长，向游人传递着水乡文化的古朴气息。

同里，千亿级吴江经济技术开发区的"颜值担当"。时尚的"鸡头米君"彰显着粉墙黛瓦下蕴含的勃勃生机。

厚重文化，轻松表达。清新的卡通形象代言，与时俱进的传统水乡文化……古老与年轻、传统与时尚，在古镇的水巷小桥边"交融"出不一般的能量，助力同里实现从传统古镇游向体验游，从观光游到深度游，从一日游到度假游的华丽转型。

以文促旅
千年古镇时尚新变

文 / 王英

"呆萌""鸡头米君"，让传统文化有了轻松表达

2018 年 8 月，中国 IP 产业年会在深圳召开。作为同里古镇的形象代言人，同里"鸡头米君"从 400 个原创 IP 形象中胜出，一举拿下被称为"中国原创 IP 奥斯卡"的"玉猴奖"。

"鸡头米君"以水八仙"鸡头米"——芡实为原型而创作。圆圆的脑袋，憨憨的笑容，绿色的背带裤，萌态十足、俏皮可爱。"现在，只要孩子和家长来到同里，他们的目光就会被'鸡头米君'吸引。"同里国际旅游开发有限公司副总经理何虹介绍。"鸡头米君"自 2016 年 4 月诞生以来，不仅拥有了属于自己的卡通形象、主题日活动和粉丝团，还催生了一系列表情包、文创产品，包括毛巾、车载摆件、充电宝、毛绒玩具、钥匙挂件等，深受游客喜爱。

其受游客喜爱，不仅是因为萌萌的外观，更是因为这个 IP 形象高度契合江南文化特色。

同里，是芡实的主产地之一，目前仍有不少人从事芡实种植与加工。可以说，"鸡头米君"是展现本土文化创新发展特

质的不二选择，最能代表同里水乡古镇的韵味。

“目前，‘鸡头米君’已有 20 多个类别 40 多个品种的旅游纪念品登陆南京、上海等地的热门文创商店。”何虹说。他们还把“鸡头米君”做成小礼品发放，做成穿戴式人偶与游客互动……“鸡头米君”系列文创产品的走红，不仅让同里古镇文化有了更轻松的表达方式，也让同里旅游有了营销助推器。

“原来的营销方式比较简单，跑跑旅行社、渠道商，推荐同里的美景、美文、美图，主动性不强。有了‘鸡头米君’，我们出去跑销售、跑市场，就有了抓手。”何虹说，这两年，“鸡头米君”系列文创产品在国内多个文化创意设计大赛上获奖，不仅在 2018 年跻身“全国十佳文旅吉祥物”行列，更在 2019 年获得“年度十大最具商业价值文旅吉祥物”荣誉。

“非遗”传承创新，让文化瑰宝紧跟时代

在“年轻化”的同时，同里也不忘传统民俗文化规划“新蓝图”。

千年古镇同里，是座文化“富矿”，仅非物质文化遗产就有 13 项，其中国家级 1 项，苏州市级 4 项，包括戏曲、剪纸、竹编技艺、走三桥等。其中，最具代表性的就是同里宣卷和走三桥。

清道光年间兴起的宣卷是“土生土长”的同里说唱艺术。“家有婚丧嫁娶、新房上梁、孩子满月等大事，都要请宣卷班子助兴。”同里旅游管理办公室主任徐芬告诉记者，宣卷在同里一度非常兴盛，历史上曾有 20 多个宣卷班子在同一时期共存的记载。

但是，随着时间推移，受制于时长和陈旧的卷本内容，同里宣卷没能像昆曲和评弹一样焕发生机。为此，同里正积极从卷本创作入手进行突破。

徐芬介绍，目前同里正在网罗各路人才组建创作团队。团队成员除了要有扎实的文字功底，还要深刻理解同里及其背后的文化，结合当下时代主题、乡村振兴和百姓民生进行创作，从而解构、重建宣卷“劝善教化”的功能。

除了用宣卷唱响新时代的“同里好声音”，走三桥这样的传统民间习俗的复兴，也正为同里旅游注入新活力。

“小姑娘，走三桥，天生丽质，越长越苗条；小伙子，走三桥，平步青云，前程无限好；新郎新娘走三桥，心心相印，白首同偕老。”徐芬表示，类似这样走三桥的歌谣正逐渐影响着同里周边地区的新人们。在大家的口口相传下，越来越多来自苏州和浙江的恋人会专程赶到同里，走一走三桥，用相机记录下他们与三桥甜蜜而庄重的时刻。

传统与时尚交融，让文化符号成“新名片”

当“呆萌”俏皮的“鸡头米君”遇上古老厚重的非遗文化，千年古镇焕发出了新的生命力。

何虹说，每月第一个星期六是同里的特殊日子。这一天，古镇景区会举办“鸡头米君”主题日活动并同步上线当月主题相关的亲子活动。

2019 年以来，“鸡头米君”主题日系列活动联合专业策划团队打造了同里研学亲子活动产品——“国风少年行”，以仁、义、礼、智、信、温、良、恭、俭、让等优秀品格为主题，用 12 场研学主题日活动，以游戏的方式，在孩子们心中播撒下传统文化的种子。截至 2019 年 9 月，“鸡头米君”主题日系列活动已成功举办 29 次。苏州、上海、浙江三地超过 4000 名粉丝正翘首期盼下一次和“鸡头米君”的相聚。

借着文创产品的热潮，同里景区管理方又在今年暑期联合同里湖度假村，开设了 10 间“鸡头米君”亲子家庭房，大到房间整体设计，小到卫生用品，可爱的“鸡头米君”主题房用细节赢得了一大批忠实粉丝，亲子房入住率达到 89%。

如果说“鸡头米君”是同里古镇“名片”上的时尚新身份，那么，千百年流传下来的水乡文化，则是同里“古韵今风”最生动的注解。

目前，同里景区正逐步将景区“崇本堂”婚俗馆内的静态陈设和动态真实的走三桥新人仪式相结合，以期给越来越多的游客留下最直观、深刻的印象。同时，通过持续不断的努力，让走三桥深入人心。今后，全国老百姓只要说到“走三桥”，就会想到同里。“走三桥”这个同里特有的文化符号得到了更好的传扬，进一步打响了同里古镇的知名度并扩大了影响力。

乡村在，人生尚有来处；记忆在，乡情仍有归途……乘着乡村振兴和长三角一体化国家战略的东风，同里镇肖甸湖村积极探索农文旅一体化发展，“田园客厅”再次受万众瞩目。

农文旅一体化发展 肖甸湖村里有个“田园客厅”

文 / 徐飞悦

“柏油马路穿林过，农家别墅枕河居。鲜花绿树映民房，康居乐园美如画。”作为全国少有的建设在湿地公园内的民居点，同里镇肖甸湖村让人仿佛置身于水墨江南的田园。在这个大自然的“会客厅”中，人们可以体验乡村历史文化振兴、生态田园振兴、经济民生振兴成果，感受新的生活方式和传统历史互融共生。

大自然中体验“苏式农村”

绿树掩映蜿蜒的村道，河湖依偎临湖的农舍，水面的倒影被微风晃动，荡漾成一匹水墨彩绸……初夏的肖甸湖自然村俨然一幅田园牧歌的美丽画卷。

依托澄湖千顷碧水和同里湿地公园的绿色“富矿”，肖甸湖村将农业和旅游业结合在一起，积极发展生态观光农业，逐步走出了一条高科技、生态型、乡村化的旅游新路子。

近年来，让游客住下来“沉浸式”体验成为同里旅游的新风尚。肖甸湖村得天独厚的生态宜居环境，吸引了诸多优质旅游商家的涌入，“墅家”就是慕名而来的其中一家。

2017 年底，“墅家”苏州同里社在肖甸湖村开业。这个集移动办公、亲子培育、文创活动于一体的亲子度假社区，不仅是老板聂剑平的第一块试验田，也为肖甸湖村民宿发展带来了契机。肖甸湖村“微微联伙 · 墅家同里社”已经成为样本，在行业内引发了一场现象级投资的风暴。

肖甸湖村党总支书记周晓中介绍，这几年，村里也积极鼓励村民开民宿和农家乐，大家一起留住游客。“初见、深几许、河边小筑、枕水人家，现在已经有 4 个村民民宿初见规模，它们的风格各有不同。”

近年来，肖甸湖村在村内开展了农村“苏式化”建房，优化、美化农村庭院，突出江南民居风貌。村里建起了农业观光园，种植了各式各样的果树和观赏性植物；村级道路硬化、雨污分流逐步完善；村庄环境“263”专项整治和村内长效保洁机制使村庄环境面貌进一步发生了改变；图书阅览室、体育健身设备、社区卫生服务站等一应俱全……越来越多的年轻人选择回村居住。

TONGLI

生态环境培育“田园果篮”

车行至苏青路与周松线交叉口，老远就望见了一排排钢结构的农业大棚，这里是周江葡萄生态园。老板周金明是地道的苏州人。

13 年前，与肖甸湖村的一面之缘，让老周萌生了来这里做农民的念头。

2008 年，周金明的第一批葡萄苗种植入土。2009 年，“周江”牌金手指葡萄就在江苏省第三届中山杯优质葡萄（中熟品种）评比中荣获金奖……“这里环境好，没有企业,没有工业污染,可以安安心心种出品质优良的果品。”周金明相信自己的眼光，也笃信肖甸湖村这片土地。

走进周江的葡萄大棚，干净、整洁是给人的第一印象。里面，一株株葡萄等宽等距地排列着，蔚然成荫，葡萄幼果已经垂挂藤上。

这几年，周金明积极发展现代农业，开始在“科技种植”和“美观种植”上动脑筋。他指着地上的一层塑料膜解释，这既是用来增强光照和杀菌效果的，也能让游客

感受“脚上不沾泥”的采摘体验。“现在我们的大棚都是智能控制的，只要4个人就能管理近30亩的果园。”2019年下半年，他还尝试了温控大棚，体验用手机控温控水的现代化农业生产方式。

在肖甸湖村，像周金明一样带着技术来探索农村的人很多，有的种植水稻，有的种植翠冠梨，有的种植草莓……为村里打造出了一个农旅“果篮”。

周晓中说：“通过这种土地流转承包的形式，村里的田地已经交给了专业的人员发展规模性的农业。而拔出‘泥腿子’的村民们除了可以收获土地的租金外，还可以腾出双手从事其他工作。”据统计，2018年肖甸湖村村民的平均年收入是29000元。

乡土特色唤醒“昔时记忆”

流连于肖甸湖村，除了感受生态优势，还能回味一份文化记忆。

在同里国家湿地公园的中心位置有一个知青馆，馆内展示着当年知青的生产工具和生活用品，充满浓浓的年代感，吸引了众多游客前来参观。

“在这里，我们小时候的记忆都回来了。”看到知青馆里的一个带有锈斑的烤瓷杯，来自上海的王胜美回忆起孩童时代跟着父母下乡的情景。

2019年，同里镇再次丰富知青馆内容，通过各类影像、文字资料，将知青馆打造成了廉洁文化观览点之一。

2018年，肖甸湖村开始规划将原先的老年活动室改造成知青中心。周晓中介绍，知青中心配套有庭院、有氧厕所、生态停车场等设施。

周晓中说，目前与之配套的肖甸湖村村庄入口美化改造、标识标牌设置等工作已经完成，接下来村里将进一步完善设施。

住城市还是住农村？如果在十年前提起这个问题，庞红妹还会犹豫，而现在她能不假思索地回答："我就要住在村里！"环境舒适、设施完善、交通便利，这是庞红妹眼中的同里镇北联村洋溢港自然村，承载着所有洋溢港村民的幸福故事。

“洋溢”幸福的洋溢港村

文 / 张燕　张婷

走进洋溢港，一幅静谧怡然的田园乡村图映入眼帘。径直步入村庄，粉墙黛瓦的房屋沿河而建，路面干净整洁，河水清澈荡漾，人居环境整治成效显著。凭借高颜值的村庄环境，2019 年油菜花节时，洋溢港迎来 15 万人次的游客。大量游客的到来，让当地村民尝到了生态优势带来的经济甜头。

洋溢港位于北联村的中部核心区，规划先行后，北联村率先对田、水、路、林、沟、渠等都进行了综合整治。核心粮油区做到了田成方、渠相连、路相通、旱能灌、涝能排，设施农业建设方面成为了规模化、产业化、集约化的经营示范基地，水产养殖区建成了标准化、专业化、健康化示范区。目前，村里正在推进果蔬大棚建设，建成后将新增6000亩设施大棚。

北联村党委书记徐海红说，北联的产业基础扎实，目前已吸引了26家农业企业落户，其中3家省级农业产业化龙头企业，1家上市企业。“产业兴旺，带动了村民就业、致富，也辐射了周边2600多户农户，带动了家庭农场的发展。”

2019年以来，北联村继续做好村庄环境建设，开展了“家前屋后”环境大整治，坚决拆除违规搭建的房屋。同时，立足洋溢港得天独厚的生态农业资源，村里的农文旅融合计划也开始布局实施。

北联村正对游客服务中心进行升级，将设置农产品展示区和蔺草文化展示

区。徐海红介绍，洋溢港历史上就有蔺草种植、加工这个传统产业，近年来，蔺草种植已经没有了，但是蔺草制品的加工仍然是本地的一个重要产业，村里计划打造一条集蔺草种植、加工、销售为一体的文创链，同时注入更多宣教功能，如科普培训、文化创作、产品交流、休闲体验、工艺展示与传承等。

前往北联村委会的路上，一座精致的玻璃房格外引人注意，徐海红解答，这是村里建设的两个重要项目之一——花卉市场。

花卉市场（智能玻璃温室）规划面积 12 亩，配套室内加温等设施设备。同时，北联园区还在建设花卉育秧中心，目前已进入招投标阶段。建设完成后，这里将引进相关花卉园艺企业，扩大花卉种苗的生产与销售，加快促进产业融合，进一步提升园区产业格局。

村里在建的另一个重要项目——垂钓中心规划面积 99 亩，配套建设了服务用房、停车场、绿化观光带等公共服务设施。建设完成后，这里可承办高标准的垂钓赛事，也可以开展各式各样的活动，为北联村发展乡村旅游提供了更为丰富的内容。

不久以后的洋溢港，有油菜花节、稻田画、花卉市场可以游览，有蔬菜水果可以采摘，有垂钓中心可以休闲，在游客服务中心可以就餐……有了这些留得住人的“风情”，还得有留得住人的“服务”。徐海红表示，村里正在积极寻找可以打造成农家乐民居客栈的农房，通过党员干部带头，前期村里组织了几次外出学习、参观，激发村民们参与建设的热情。

“花蔬满园春常在，物丰水美碧连天。满仓稻谷油籽香，幸福洋溢蔺草悦。”这首北联村民创作的打油诗，形象地描绘了如今北联村人悠然自得、推窗见景的乡村田园生活。未来，这里将吸引更多游客前来休闲、观光、体验，不断擦亮同里现代农业产业园区的生态旅游名片。

鸡 / 头 / 米 / 小 / 名 / 片

芡 实

芡实、莲藕、菱角、荸荠、慈姑、茭白、莼菜、水芹这八种水生植物，被大家称为“水八仙”，它们在一年中不同的时期次第成熟，丰富了吴江人的餐桌文化。而“水八仙”中最负盛名的芡实，居“八仙”之首。

芡实属睡莲科一年生水生作物，叶片大如斗，甚至比荷叶还要大上一大圈。它所结的果实，民间称为“鸡头”。它所结之仁，俗称“鸡头米”。

作为一种不折不扣的水生植物，芡实生长于水泽之中，清明后催芽育苗，6 月中下旬移栽定植。夏初，花梗伸出水面，顶端长出鸡头状苞蕾，苞顶如鸡之喙。“鸡嘴”里开出紫红色的花朵，昼开暮萎，花后结实，8 月开始，便可分批收获。

收获时用一种特制的竹刀割下“鸡头”，保证不伤到茎，使芡实继续成长结实。芡实的整个果实好似一个巨大的鸡头，内有斑驳软肉，籽粒累累若珠玑，一个果实内约有芡实籽粒几十粒到上百粒不等，像极了一颗石榴。

籽粒外包粉红色“花衣”，除壳后内中显露出似白米、如鱼目而比薏米大的果实，俗称“鸡头肉”，亦叫“芡实米”。

鸡头米诞生记

作为“水八仙”里最重要的一种，鸡头米的价格不菲，它的种植、生长和采摘，是一个漫长繁复的过程。

同里的鸡头米，大多来自周边的农村。因为鸡头米并不是所有地方都能种，这种水生植物对水质的要求非常高，整个生长周期都不能用农药，而且对土也有一定的要求。所谓橘生淮北则为枳，离开了江南的水土，鸡头米的味道就要打上几分折扣。

鸡头米好吃却难种。从3月发苗到8月丰收，前后5个多月，每一步都有不少讲究。同里的老苏种植鸡头米多年，有着丰富的种植经验。

一

育苗播种前5~7天，老苏会在田中开挖好2.0~2.5米见方、深15~20厘米的育苗池。清整后灌水深10厘米左右，等泥澄清、沉实后，将已发芽的种子近水面轻轻放下……

二

在老苏的辛勤耕耘培育下，那田野一片绿油油，鸡头米渐渐长大、开花，结出饱满的果实。

三

清晨六点的同里，
辛劳的采摘人正在水中采摘鸡头米。

四

有经验的农民戴上厚手套，
以竹刀为工具，
每次沿固定的路线来回，
并依次序采摘。
孢子太嫩太老都不适合摘，
主要得靠手感和经验判断。
采收鸡头米也是一门技术活儿。
成熟的鸡头果一般长在花苞周围。
鸡头米茎叶有刺，
一不留神就会刺破皮肤。

五

采下的鸡头果约拳头大小，
样貌形似鸡头。
掰开来，
内似海绵状，
挤着几十上百颗鸡头籽。
这些鸡头籽，
还要洗去外面一层滑溜溜的红色薄衣，
才能剥壳取到可供食用的鸡头米。
这层红衣又弹又软，
与里头的果实的硬度差距不大，
得一边用力切开外壳，
一边护着娇嫩的果实，
只能靠人工一粒粒地剥开，
这也是手剥鸡头米价格贵的原因之一。

六

剥好的鸡头米个个圆滚滚，吃起来甜糯鲜香。

小贴士：

茨实有哪些营养成分?

茨实当中含有大量对我们的身体有好处的营养物质，比如蛋白质、铁、钙、维生素 B、维生素 C、粗纤维、胡萝卜素等，很容易促进我们身体的消化与吸收。而且把茨实磨成粉的话，更能帮助我们的身体补充有益营养素，因为茨实粉要比茨实更容易被身体吸收。

与国同梦，
把美好传递

翻看老照片，
还能忆起曾经的旧模样吗？
时间无言，
却留下了令人惊叹的美丽。
在庆祝新中国生日的欢乐氛围里，
这座安逸恬淡的古镇，
也在分享着这份喜悦。
有了温暖的大怀抱，
同里将把美好的故事
继续讲下去。

同在江河岁月　共唱一首赞歌

70 年，对一个千年古镇来说，是漫长岁月中浅浅的“年轮”。

中华人民共和国成立的 70 年，深刻地改变了这座古镇的精气神。

“同在江河岁月里——庆祝中华人民共和国成立 70 周年 · 同里图片展”展出的一张张照片里，收藏着千千万万个新生、兴盛的故事。旧颜新貌，是一首悠长的赞歌，也饱含着人们对新生活的美好向往。

癸巳年同里古镇接财神仪式

新 貌

范氏家族：诗书传家　风清气正

文 / 计东生

概述

范氏在清代就是同里的大族。早在明末，范仲淹侄范纯懿之裔孙范思椿，从苏州吴趋坊迁同里。范时勉（1722—1793），字宝传，号怀溪，候选布政司理问，授儒林郎晋赠奉上大夫。工诗文，藏书二万余册，经史之外，凡历算、星律、地理、医卜诸学均习，而于韵学尤精。好施与，乾隆二十八年（1763）曾募资开同里市河。

民国年间，在同里最有名望的是范家埭蔚文堂范葵忱一族。范葵忱是清末举人，住同里镇漆字圩范家埭。其父亲范芳余，幼经兵燹，庐舍无存，寄居舅氏袁爱庐家。及长，稍振作，重立门户。范葵忱从小喜欢看书、藏书，藏之"小天一阁"中五万余卷。

范葵忱长子范烟桥，是中国现代文人，多才多艺，一生著作丰厚。其藏书及手稿共46种243册，1989年由其家属捐赠给苏州大学图书馆。

抗日战争时期，同里范氏涌现不少人物。范兰畹的孙子范建曾，当过缅甸远征军英军翻译、美军陆军翻译，参加过抗日杀奸团，中华人民共和国成立后在天津开设集义贸易行，任经理。范家埭的范建国，参加新四军，1941年在抗日战争中牺牲。

在科学研究方面，范滋德毕业于南京中央大学生物系，是中国科学院上海昆虫研究所研究员，多次获得中科院自然科学奖。范祖尧是上海交通大学教授、博士生导师，国务院学位委员会工科评议组成员。范乐明是南京医科大学教授，医疗科研成果得到卫生部奖励。范滋培、范滋德、范建中、范崇德等一生奉献于教育事业。

范 氏

范烟桥像

代表人物

范烟桥
(1894—1967)

范烟桥，乳名爱莲，学名镛，字味韶，号烟桥，别署含凉生、万年桥、愁城侠客，斋名鸱夷。故居在同里镇漆字圩范家埭。现代著名作家，南社社员。

范烟桥自幼喜爱文学，因长期在暗淡灯光下看母亲严云珍所藏的书籍而高度近视，长大后戴墨镜。清光绪三十三年（1907）入同川学校，师从金松岑。宣统二年（1910）高小毕业。次年入吴长元公立中学（苏州草桥中学前身），与顾颉刚、叶圣陶、郑逸梅等是同学，师从杨敦颐先生（杨千里父）。十七八岁写出《南社文学》等十余万字，与同里友人结“同南社，出《同南》社刊”，刊载社员诗词文章。宣统三年办《同言报》。后加入“南社”。1912 年入杭州之江学堂，适逢孙中山辞大总统后途经杭州，与同学数人专访孙中山先生并合影。

1913 年肄业于南京国民大学商科，后因“二次革命”学校迁沪，辍学回家乡从教。曾任八坼小学教员、八坼乡学务委员，吴江县劝学所委员，吴江县第二高等小学（同川小学）、第一女子小学（丽则女校）教员，编《吴江县乡土志》。

1921 年初，在同里创办《吴江报》。是年，其父购苏州临顿路温家岸 118 号宅。此宅原为苏州顾予咸的雅园一角，故名“邻雅小筑”。

迁居苏州后，始与苏、沪、锡报界文人严独鹤、周瘦鹃、毕倚虹、江红焦、蒋育津、包天笑等交游，以写作、编辑为生。时届 30 岁，为创作旺盛期，沪、苏、锡各报刊纷纷向其约稿，他日写数千字以应。在苏州与赵眠云等人组织文学团体星社、云社、青社，陆续写成《中国小说史》《民国旧派小说史略》《诗学入门》《茶烟歇》等。又与叶振汉合办《珊瑚》半月刊，2 年中发行 48 期，远销日本、朝鲜与南洋各地。1928 年去持志大学兼授小说，后又在东吴大学及其附中任教。

1936 年起与影剧界相接，任上海明星影片公司文书科长、金星影业公司文书，先后为国华影业公司编写电影剧本《乱世英雄》《西厢记》《秦淮世家》《三笑》《无花果》《解语花》等。后因日伪统治，与吴仞之、高季琳等一起辞职。1938 年应母舅严宝礼的邀请，任文汇报社秘书。翌年，《文汇报》被迫停刊，其后仍以教书、写作为生。抗战胜利后，《文汇报》复刊，再任职于报社总务部兼编辑，同时主编《文汇画报》，与王亢元一起发行《新纪元》周刊。1947 年，应杨千里之邀，在家乡同里筹办仁美初级中学。

范烟桥多才多艺，一生著作丰厚。小说、电影、诗词、笔记、方志、小品文、弹词无不通谙。且善书画，工行草，为人书扇册，绘图寄意十分精雅。

㊂范 氏

来到一片宁静的天地。

无论是几百年前同里人轰轰烈烈的情怀，

还是现今与这方土地长相厮守过着恬淡的生活，

都这样和谐地包容在一起。

这里有同里的水，

同里的人，

更有同里的故事。

良渚文明
Liang zhu civilization

同里的第三种世遗基因

扫码收听

如果不是申遗成功，也许人们已经忘记了5000多年前的良渚人。从崧泽文化到良渚文化再到现代文明，同里流淌的故事就是人的进化与奋斗的故事。

位于同里镇区西北部的何家坟遗址，曾陆续出土过良渚、马家浜文化及春秋战国时期的器物及陶片。这个遗址现存面积约32万平方米，史前时期的文化堆积层厚1~1.5米，环绕遗址一周，分布有宽10米以上的壕沟，并在遗址北50米的地方发现了一处良渚文化时期的高台墓地。

何家坟是新石器时代的重要遗址。经苏州市考古研究所、吴江博物馆和同里文保所的抢救性考古发掘，共发现9个地层、2个房屋基址、1个残基、1个灰坑和2口水井，出土了石耘田器、石凿等生产工具，还发现了夹砂、泥制的盘、罐、鼎等生活用器物。遗址发掘成果基本确定了何家坟遗址为良渚时期的文化遗址。

研究进一步得知，此处崧泽文化遗存处于崧泽文化中期偏晚阶段，此时正处于崧泽文化向良渚文化演进的转型时期。已为大家熟知的良渚高台权贵墓葬及出土的大量精美玉、石礼器，刻纹陶礼器，在同里遗址中可一一找到雏形。可见，良渚社会已迈入文明的门槛，那时的同里，已经处于文明孕育的过程中。

5000多年前的同里故事，是5000多年华夏文明的最好佐证。

于是不由得想到“人间烟火”是最不能缺席的，那么5000多年前的良渚人吃的是什么？

青团子、袜底酥？还是鸡头米与菱角？

良渚先民生活在太湖流域，这里是水网密布的沼泽平原，气候温暖湿润，恣意生长的植物给他们提供了大量的食物。透过厚厚的尘埃，我仿佛看见他们围坐一起、烧火煮饭的情景。

还有“袅袅炊烟，小小村落”。

当现代文明照亮深邃的历史，我们还看到，树上生长的柿子、桃子、黄梅、葡萄、李子、杏子，水里生长的芡实、菱角、莲子，都是良渚先民们的食物。另外，他们还捕鱼打猎。

那时，村落周围湖泊、沼泽很多，抓鱼很方便，先民们已经可以品尝到鲤鱼、鲫鱼、青鱼、鳖、龟、蟹、蚬、螺蛳、蛤蜊、河蚌等水产品。他们也会捕食动物，如梅花鹿、水鹿、麋鹿。吃完鹿肉，留下骨骼，用来制作发簪或渔叉。

不用怀疑，良渚先民，已有了丰富多彩的生活。他们用文明之光照亮我们走过了5000多年。

同里的好故事实在太多，它们的表达除了借助光影艺术、现代网络等，自成一格的古戏台也是另一种演绎。

古戏台上的喜乐人生

扫码收听

戏台不仅是一种建筑形制，更是一方文化展台。锣鼓喧天，丝竹盈耳，多少波澜壮阔、哀婉缠绵、忠孝节义的故事在这里上演。剧情曲折委婉，演员水袖轻舞，观众如痴似醉。如此，同里的古戏台就是旧时江南的展台，也是小镇居民的情感寄托。

穿越时空，在那些交通不便的年代，看戏就是当地百姓的最大娱乐。《珍珠塔》《梁祝》《西厢记》抑或是《杜丽娘》《牛郎织女》等，演戏的人演了千百年，看戏的人也看了千百年，至今依然生生不息。

与别地相比，同里的戏台较为特殊，它处于古镇比较中心的位置，相较其他建筑，古戏台周围更加宽敞，便于数百甚至上千人聚集于此，同享一台戏。笔者曾有疑问：在没有扩音设备的年代，站在远处看戏的人是不是真的能听得清？细细观察和查阅资料后，才明白，同里戏台对音响效果的设计也是别具一格：其一，戏台凌空架于水面，巧妙地利用回声来产生共鸣；其二，天棚上中央的藻井，有利于吸音而产生“余音绕梁”的效果。鸡笼形的藻井，成螺旋形盘旋而上，造型优美，其彩绘图案也是精美绝伦。

突然想到《红楼梦》里的一些章节，贾府逢年过节就要请来戏班唱戏，自娱自乐，但那种台前的宽广，似乎还比不上退思广场，由此不难想象，当年演出时是何等的盛况。难怪祖母也曾经说过，她年轻时，那喧天的锣鼓声她在二三里外都听得见，常常晚饭都顾不上吃完，约了同伴就往戏台边去。她说：“做戏的是‘疯子’，看戏的是‘傻子’，我们那一代人就这样疯过傻过。”

如今，站在古戏台前，除了依然能欣赏到那些有年代感的故事，还能享受喧嚣生活中的另一番情调：江南水乡韵味十足的曲词，柔软滑腻，清凌细韵，看得呆了，所有的疲累都舒散而去；一个飘逸的踢转、一个潇洒的水袖，还有台前台旁的掌声，能绕过曲曲弯弯的暗柳、树梢，层层叠叠荡漾开去，散成一个个更加美好的故事，飘向四面八方。

说说《珍珠塔》

扫码收听

氤氲着江南烟雨的同里古镇，从不缺浪漫的故事，其中最为人熟知的，莫过于《珍珠塔》。

《珍珠塔》先后经苏州弹词艺人增饰，流传渐广，是经典的弹词作品之一，还以锡剧、越剧、淮剧、潮剧、黄梅戏形式，历演不衰。那么《珍珠塔》的故事究竟为何有如此魅力？《珍珠塔》与同里又有何渊源呢？

故事，还要从同里的陈家牌楼讲起。陈家牌楼位于同里镇后港南岸，石皮弄北的明万历年间南京道监察御史陈王道府邸内。陈王道府邸由牌楼、宅第、花园、祠堂四部分组成。陈家牌楼于万历八年（1580）始建，是陈王道去世后，皇上为表彰其为官清正、政绩卓著而赐立。牌楼由四根方形石柱构成的三开间牌坊，坊上有三个“品”字形的戗角歇山顶。飞檐翘角，紫青筒瓦以及木结构上的飞禽走兽图案彩绘深度浮雕，非常华丽。正中额板上刻有每字近一米见方的“清朝侍御”四个大字。这明朝的御史，怎就成了“清朝侍御”？原来陈王道是司监察、弹劾百官的言官，起着廓清朝廷的作用，所以称“清朝侍御”。

《珍珠塔》，说的就是陈王道嫁女的故事。最经典的版本是：苏州方家世代做官，因被参而满门抄封流贬。方卿投奔姑母，求助赶考盘缠。不料姑母势利，不但不予帮助，还冷言嘲讽。方卿愤而离去。姑母女儿陈翠娥与方卿青梅竹马，将稀世珍宝珍珠塔暗藏于点心盒中赠与方卿。姑父陈王道深明大义，驱马追至九松亭，将女儿许配方卿。方卿赶考路上遇土匪，不幸坠河。珍珠塔被盗贼典当于姑父家典当行。陈翠娥悉知方卿遇险，一病不起，陈王道遂假造方卿书信，慰抚女儿。数年后，大难不死的方卿得中状元，官封七省巡按，乔装打扮唱曲道情试探姑母。不料姑母本性难移，终于自食其言，羞惭地头顶香盘跪接方卿。方卿以香盘鉴戒，姑侄间冰释前嫌，最终与方卿陈翠娥成婚。

九松亭、陈王道府，这些同里元素，让《珍珠塔》的故事平添几分亲近感。如今每逢节假日，退思广场的古戏台上，都会上演《后花园私定终身》《方卿羞姑》等《珍珠塔》名段。而古戏台前，也始终会有那么多《珍珠塔》的新老粉丝，一次次地与它幸会。

小贴士：

珍珠塔景园的景点很丰富。你带着方卿凄苦的爱情故事，一处一处，一间一间，前院后院，慢慢地踱步，整个故事就会围绕在你周围，一草、一木、一石似乎都在跟你讲述着这里曾经发生过的一切。极具浪漫主义和传奇色彩的珍珠塔景园主要景点有锦园十景、紫薇琴韵、秋亭待月、清远荷风、翠舫听雨、北山深松、溪清虹影、茹古书声、碧筠藏翠等。

嘿，我就是那个国风美少年

谁说我们“00 后”、“10 后”不爱优秀传统文化？
看，我们学习勤俭节约，
得知“一粥一饭皆来之不易”；
我们懂得善良美好，
应是伴随一生的优秀品质；
我们机智聪慧，
敢于挑战一切困难险阻；
我们就是
国风美少年。

“鸡头米君”日 / ONE DAY OF JITOUMIJUN

7月
8日

“鸡头米君”日 / ONE DAY OF JITOUMIJUN

本次“鸡头米君”日的活动主题是国风少年行之“智”。“米君”这次给小朋友带来的是一款益智类游戏，TA 也是小朋友们的爸爸妈妈儿时的游戏——九连环！

解锁智慧九连环

活动现场，老师先为大家简单介绍了九连环。刚看到九连环的小朋友们可能会苦恼，没有头绪，不知该从哪里下手，所以“米君”先为大家准备了“开胃菜”——简单的智力环。

小朋友们从简单的环扣热身，到进阶五连环，最后走进九连环的世界。在老师和父母的引导下，每个小朋友都在积极开动小脑筋，每解开一个环扣，都收获了满满的成就感。

通过本次活动，小朋友们掌握了九连环的秘诀，也爱上了数学，爱上了九连环这款益智游戏，爱上了美丽的同里！

8月 5日

八月“鸡头米君”日如期举行，本期的活动主题是国风少年行之“良”。

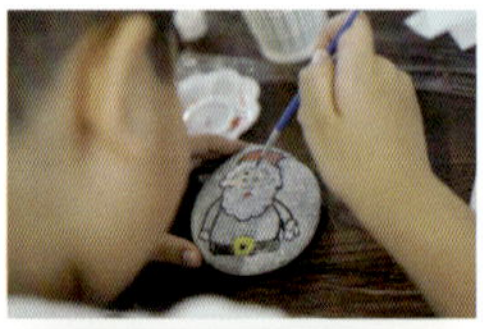

我们都是神笔马良

中国古代神话故事里有位拥有神笔的小朋友，他就是神笔马良。神笔画鸟，鸟就在天上飞；神笔画鱼，鱼就在水中游。神笔马良虽然是个故事人物，但是象征了正义和善良。这期的“鸡头米君”日的活动就与神笔马良有关，那就是画画！

活动现场，老师先为小朋友们讲述了神笔马良的故事，宣扬了中华传统美德。随后，“米君”教小朋友们一种有趣的画画方式——在石头上画画！因为都是第一次尝试在石头上作画，小朋友们的脸上洋溢着难以抑制的兴奋。

小猪佩奇、海绵宝宝、圣诞老人、超级玛丽，甚至还有哪吒，在绘画过程中，小朋友们尽情发挥着想象力和创造力，在石头上描绘着自己喜欢的动画作品。

这些石头被小朋友们画一画以后，不但有了新的“生命”，还成了一下就能让人喜爱的艺术品。

9月 9日

“鸡头米君”日 / ONE DAY OF JITOUMIJUN

中国人民历来崇尚节俭。节俭是一种美德，更是中华民族的优良传统。在物质不富裕的过去，需要勤俭节约；在生活水平不断提高的今天，也不能丢掉勤俭节约的品质。

可以“入画”的五谷杂粮

为了让小朋友们能够在玩乐中体验到更多乐趣，今年9月的“鸡头米君”日里，我们与同里镇社区教育中心通力合作，开展同里游学融入式教育活动，主题为：粒粒不易，“俭”以修身。

贴贴画小朋友们都不陌生了，但是这一次的贴贴画和以前接触的可能有点不一样哦！我们把五谷杂粮贴到了画纸里，听着是不是很有趣？

米君小科普：五谷指的是稻、黍、稷、麦、菽，杂粮包括高粱、荞麦、燕麦、大麦、糜子、黍子、薏仁等。

比起一般的贴画，用五谷杂粮贴出来的小动物、小昆虫显得更加生动可爱。

小朋友们在亲手完成贴画的过程中，不仅锻炼了动手能力，还培养了勤俭节约

的好习惯。

当然，除了能亲手制作贴画，本次“鸡头米君”日活动也恰逢鸡头米成熟上市的时间段。“鸡头米君”为小朋友们准备了新鲜甘甜的鸡头米，让大家体验一把从剥鸡头米到制作再到品尝的完整过程！

觅，境中之心

人人都想觅得一处宁静之地，
安放身心。
仿若到彼处，
便会生出平静。
殊不知，
人在境中，
境在心中，
觅的，
其实是那一份心中的自在。

从同里古镇石牌楼西边的公路拐进去，不过数十步，就见前方树上挂着“情境住宿”指示牌。正在腹诽这土气十足的牌子，却在回首间望见躲在弄堂深处，只堪堪透出洁白一角的屋子，墙角印着“情境”二字。虽不知“情境”如何，意境却已经有了。

啊！在那里！

情境

TELL ME MORE

MEET OUR

LIKE IT

→ ALL HOUSE

PROJECTS

原是此情此境

文 / 倪书喆

穿过墙面斑驳、一米多宽的小巷，不远处民宿的两扇大门一开一合，似是含羞少女，让人隐隐期待，又百般猜测。未至“情境”，又怎知是何种情境？

ABOUT US

Beautiful
Hello

静坐院中，看彩霞千万里

大门玄关处，挂着一幅山水木雕，右手边是个小吧台。向左看，眼前赫然一棵石榴树。正值秋季，石榴树枝繁叶茂，果实累累。店家已摘下三四十只石榴，放置在一旁的台阶上，但树梢上仍挂着不少饱满的果实，向来客点头致意。店家热情地递上石榴，说：“虽然长得丑了点，味道却是很好的。”

石榴树的西边，是两棵玉兰树。玉兰树树姿雄伟，叶阔荫浓，霸占了整个院子。每年五六月份花开，花香馥郁，弥漫在院落内，令人心旷神怡。店家说，这些植物都是这栋别墅的主人留下的。

不论是装修还是取名，店家都十分“佛系”，因此也留下了很多生活的痕迹，使得这栋远离尘嚣的房子不失烟火气。

谈及取名，这还有一段缘分在其中。情境民宿全名为“情境·1989”，“情境”二字取自两位合伙人名字中的谐音字，而“1989”，则是他们二位的出生年份和这栋房子的建造年份。大概就是这一段缘分，让他们一眼相中了这个原先杂乱的院落，精心打理了三个多月，于今年呈现出这样岁月静好的模样，向游客开放。

在这不热不寒、天朗气清的日子里，玉兰树下的那张长条桌前，是来客们的谈天佳处。闲适的午后，自得地坐在院子里，绰绰韶光慢，影影树枝斜，聊天、喝茶，哪怕只是发呆，也很娴静美好。天光未合时分，出门走走，看巷口的小狗摇晃着脑袋路过，消失在拐角。再回院中等暮色缓步而来，月色必定是光辉皎洁，朦胧而又多情。

如果觉得这样太过寂静冷清，也可以和朋友们在院子里来一场热火朝天的烧烤。这时候，店家会悄无声息地退场，将这一方闹中取静、静中可闹的自由天地留给客人。

共话岁月，一帘风月等闲

店家说，来住宿的旅客中，租下整套的比较多，其中不乏回头客。

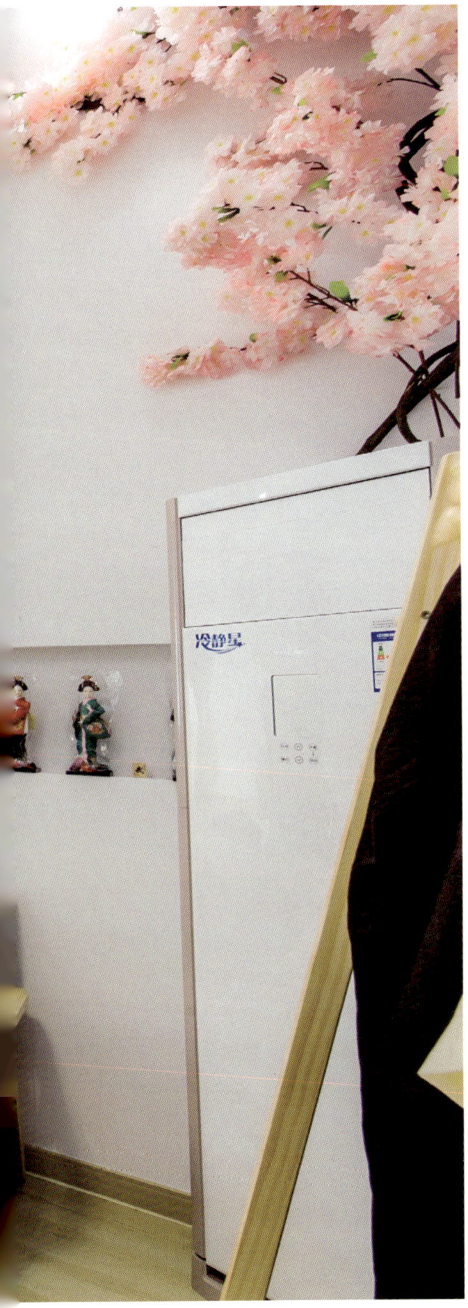

房间不多，只4间，可供8人同时居住。每一间房，都有其不同的“情境”。

一楼西面的房间名叫“千寻”，是轻日式装修，榻榻米、樱花摆饰、日式玩偶，如果喜爱日本文化，来这个房间里睡上一晚是绝佳的选择。和友人坐在落地窗边，倒两杯清茶，淡淡叙述着过往的岁月。也许院子里有孩童在奔跑嬉戏，你们却可似身在日本的乡间，偷得浮生一日安闲。

穿过堂屋，东面的房间叫“拾光”。水墨画的墙纸、羽毛斑斓的孔雀挂画、吉祥花纹的中式吊灯，无一不彰显着中国的古典风味，但一些金属的家具，又使房间融入了现代气息，两相结合，相辅相成，相得益彰。在这里居住，可以慢慢捡拾起过往时光，细细品味了。

“拾光”正上方对着的房间，取名“故里”。简易的现代装修，配以淡雅的森系窗帘，清新而不失温馨。床头的绿植让人在睡梦中仿佛身临乡野。店家说，单间房的预订中，这一间房最受欢迎。大概是在这个房间里，每个人都好似能够回到故里，感受到如家般的亲近和舒适吧。

“故里”对面是“邂逅”，轻奢风格。粉色和金属的碰撞，带来特殊的视觉体验。这间房带有一个小阳台，篱笆外，是个小戏园。若愿意搬一把椅子坐在阳台上，望着那粉墙黛瓦、回廊曲折的戏院，说不准能邂逅一位风姿英伟的书生，或是衣袂飘飘的佳人。眼前是千年古意，背后是现代摩登，置身其中，似是一人连接古今，与这景、这楼浑然一体，别有风趣。

二楼的会客厅是除了院子外，客人们最喜欢待的公共区域。四间房里分别放置有和服、旗袍、衬衫和婚纱，来客可以换上

衣服，留下影像。别墅主人留下的一幅“福寿双全”毛笔字，挂在会客厅正中央。下方墙壁上巧妙的留白设计如同苏州园林的窗户，将楼梯间的灯笼吊灯框入“画”中，这是转身方可发现的惊喜，二楼最美的景色就在此处了。

其实“情境”内还有颇多惊喜，此情此境，还需自己亲身感受和发现，才能明白其间妙处。

IT'S NICE TO MEET YOU

水云间

LIKE IT

Following

Say Hello!

“让客人如回家般温馨舒适”是同里水云间精品客栈多年的服务初心。这家在同里古镇经营了 4 年多的江南特色民宿，从竹行街 98 号的精品客栈拓展至石皮弄 9 号的花园酒店。水云间为游客们提供了更多的居住选择。

水云间，一处小住度假的自在居所

文 / 黄晓雯

舒适自然 如家般温馨

水云间在同里有两处客栈，老板娘叶美娟在做设计时，都给厨房和咖吧保留了一定的空间。人间烟火气，最抚凡人心。叶美娟说，厨房是最能体现温馨感的地方，为了给游客营造在家一般舒适的感觉，她在设计时对厨房特别用心。

在水云间里，厨房间干净整洁，空间不大但体验感很强，锅碗瓢盆一应俱全。“游客需要什么食材，和我说一声就行，我负责帮他们送货到家。”叶美娟热情地说。厨房旁边是开放式的咖吧，木质结构营造复古自然之感，上面摆放着咖啡机、茶具等，游客有需要可以自行使用。

和其他客栈不同的是，水云间推出“自助”的形式来服务游客。游客想喝什么茶，可以自己来咖吧内泡；想吃什么菜，可以在厨房内一展身手。“很多人好奇,这样‘佛系’的服务理念能留住客人吗?但事实证明，很多客人喜欢这样的体验感。”叶美娟笑着说，这一“自助”的理念是在一次台湾之旅中学回来的经验，自己很喜欢，也非常吸引客户。

不少客户反映，这样自然随性的服务，会在无意中营造一种自然舒适之感，即使来到一个陌生的地方，也觉得分外亲切，如在家一般。

现代风格 讲究美的搭配

水云间的风格整体呈现和谐自然的现代风，颜色以暖黄色、白色、蓝色为主，清新舒爽，明亮自然。每一间房间都有自己的名字和特色,暮雨朝云、亲密无间、云窗月户……游客可以根据自己的喜好选择入住的房间，开启一段江南之旅。

竹行街 98 号的精品客栈和石皮弄 9 号的花园酒店地理位置不同，各自拥有独特的优势。位于竹行街 98 号的精品客栈依水而建，环境清幽。入住客栈，你可以枕河而眠，清早推开窗户，可以看到同里的清晨之美，听到自然的摇橹声。推窗入自然，的

确是适宜小住度假的自在居所。而在石皮弄 9 号的花园酒店，对面是著名的景点珍珠塔，游玩和参观都十分便利。

风格不同的房间内装饰齐全。老板娘爱美，所以房间内的布置处处充满美感。小木桌上的花瓶内鲜花不断，窗台上的绿植生机勃勃，窗帘的配色、沙发的材质、壁纸的颜色完美搭配，让人看一眼便是舒服的感觉。

位于石皮弄 9 号的花园酒店是两层楼的结构：一楼有一处栽满鲜花的院子，院子里还附带了一处鱼塘；二楼则开辟一处开放的天台，配备摇椅、书桌、盆栽……游客可以在这里远眺美景，也可和好友聊天谈心。

目前，位于竹行街 98 号的精品客栈处于装修期，期待明年呈现新的面貌。

见证更多美好的瞬间

水云间的名字取自“心中若有桃花源，何处不是水云间”。正如这名字一样，水云间想要给游客提供美好的居住环境，成为心中美好的记忆。

不久前，水云间接待了一位回头客，与两年前不同的是，客人此行是与家人一同出游。“当年，我接到一通来自上海小伙的订房电话，问我能不能提前帮忙准备惊喜，他打算向女友告白。”接到电话的叶美娟激动而兴奋，马上开始筹备，见证了他们幸福的开端。2018 年，这对小情侣又来到同里游玩，再次入住水云间，并在这里完成了庄重的求婚仪式。2019 年，他们已成为一家人。水云间见证了他们爱情的过程。

叶美娟说，希望未来的日子里，她能给游客带来更美好的体验，见证更多游客美好的瞬间。

就在那一瞬间

就在见你的那一瞬间，
我想一辈子都赖在这里。
怎么说，
我不知道。
一个个词语，
汹涌又膨胀，
热烈地堵在胸口。
于是，
我只能拿起笔来，
写你，
奢望拥有你的一切。

江南说莲（组诗）

文 / 周国兴

致莲

一段远古的情怀，
搭乘在梵音的扁舟上，
近水拍岸。

眼眸里，清远环绕，
意味深长的清欢，
落在层翠里，
咿呀成摇摆的风荷。

墨绿，从书签里淡出。
古风缕缕从雅，
从着光阴里的明媚。

望着风，我致莲，
致婀娜，致娉婷，致心心念念的美丽。
一低头的默念，
开出的是久久不谢的心莲。

莲与莲之间

开开阖阖，
轻启断层的禅意。
舒袖的诗意，
和着清丽一起水洗。

旧日弥香的经传，
情迷在指尖；
夜来的睡意，
几曾见，我那月色风衣，
正在凉风深处，

披上娇艳。
几曾见，
心灯下，
纯白与心夜，
梦想光辉的晨景。

水一样的柔情，
浸润深眸里的缱绻。
在莲与莲之间，
游走的祈福，
是一条幸福的鱼。

莲开两朵

从升温的柔情里抵达夏，
倏然，听到心思开放。
莲开两朵，不消说——
一朵是梦想，
一朵是向往。

于盈盈笑中，
我怀想春水的微凉，
那些如水的年华，
丢不下梦幻般的过往。

一朵对莲的梦想，
是经久不衰的向往，
向着大闲释放。

嘘——
请让我静静地开放。
最暖心的还是这如花般的笑容，
和着微风存留在会记忆的时光。

在同里

文／胡加平

我们的影子还未落入长庆桥下，
油画家早已来到这里。
河岸边搁浅的渔船上，
穿着粗布衫的船娘，
将船舷擦拭干净。
我闻到水草的清香，飘散在风中。
我们没有停息，沿着清朝的石板路，
寻找那镂花的窗棂，
和屋檐下的红灯笼。
岁月仿佛回到了古怪的年代，
拖着长辫的大叔，
泡一碗清香的熏豆，只是一瞬间。

眼前的景象，
让我们无法知晓是谁隐居在此，
落魄的文人，还是解甲的武士？
隐隐约约的笛声，
从幽静的小弄堂里传出，
和月光一起洒落在青苔路上。
这是一个春天，在同里的小河边，
我们从水中看到自己的影子，
被船娘的橹声摇落河中，
和星星一起慢慢融化。
此时，你和我，顺流而下，
在运河舒适的怀抱中轻轻摇荡。

有一种欢乐叫袜底酥（外一首）

文 / 朱美珍

童趣的月亮，
从来不拘束。

想象，至高无上。
永远，不能颠覆。

百姓的生活像白开水，
喝过，
方能冷暖自知。

传说踏浪而来，
源远流长，
像月亮的脚板在行走。

而芳香四溢的月亮，
只一个欢乐的鞋样，
已拍去袜底所有的灰尘。

同里名园，退思园，
相忘于江湖。

江湖，太大。
人心，太小。

任兰生，循水而来，
水愈深愈暗。

园主面壁思过，
需要如斗的勇气，
偶一日，
灵光一闪。

伊凿园子，垦荒地，
把玉带闲挂。
夕阳醉，
恍如，涓溪流长。

曾经海内咸传的午梦堂，一门风雅，是继三国曹氏、北宋苏氏之后又一个以家庭成员为主的文学创作群体，其影响力或许不及曹、苏，却有曹、苏不及之处。他们不光父子并起、兄弟相继，更为突出的是家中的女性成员参与进来。时人赞道："人俱有集，未闻妇德之相偕；子即多才，宁见女宗之并秀。"在女子无才便是德的时代，他们却公开推崇女子的才，"丈夫有三不朽，妇人亦有三矣，德与才与色"，才有了文学史上的亮丽风景。

同里首富的传说

文 / 何笛

午梦堂是吴中叶氏同里支的延续，或者说是由同里支再迁出的一支。

吴中叶氏，天下望族。吴中叶氏的始祖，是北宋名臣叶逵，第五世为两宋间的大诗人叶梦得，至今，苏州城内著名景点双塔边上仍有一条叶家巷，就是叶梦得曾经居住过的地方。

叶梦得之后，吴中叶氏逐渐向外扩散。

元朝末年，迁到吴江同里的一支，其第十四世叶庆十四以"操舟"为业，翻译成现代语言，就是用船经营载客、送货的生意以谋生。船上人家，四处漂泊，日子过得很一般。

有一年，叶庆十四的船在镇江码头揽生意，一连几天，没接到一单生意。眼看着已进入腊月，妻子的肚子一天比一天鼓，即将临产，两个人商量，明天再接不到生意，就先回同里，过完年再出来。

第二天，夫妻二人眼巴巴地在船上等。太阳慢慢地向西移去，快到吃晚饭的时间了，叶庆十四望了望天，对妻子说，没生意了，走吧。说着，他跳上岸去，准备解缆开船。就在此时，只见四个彪形大汉扛着一只大楠木箱子，吃力地朝码头奔来。看到叶庆十四，为头的一个，高声叫着："船家，请问叶庆十四的船在哪儿？"

听得叫声，叶庆十四朝那四人看了看，不认识，想必自己买卖公道有诚信，老主顾特意寻上门来照顾生意，忙堆起笑脸，说自己正是，不知贵客有何吩咐?

领头的一个，指了指那大箱子，说有人指定要把东西寄放在你们这，日后自当有人来取。说完，把箱子放到船的后舱，几个人就走了。

叶庆十四纳闷，谁放的东西，又是谁来取，全都没说清楚，这笔货该怎么处理呢？看来，只好再等一等。

这一等，就等到了年底，始终不见有人来，夫妻二人商量定当，过完年，再来镇江，必须把货交还给人家，才能放下心来。这一箱子货，不知是啥，四个大汉都扛得那么吃力，万一丢了，自己可吃罪不起。

于是，夫妻二人摇着船，沿大运河一路向南，回到同里家门口的河埠时，已是大年三十了，刚好能赶上过年。

那个时候，妻子已出现了生产迹象，叶庆十四扶着妻子，一步一步艰难地往家里移，好不容易要进家门了，妻子的一只脚已过了门槛，另一只脚还在门外，孩子已迫不及待地降生了。人们通常把这种情况出生的孩子称为“骑门”，于是，这个刚生下来的孩子，也按俗例叫作骑门。

叶骑门是个大胖小子，又是家中的长子，让叶庆十四夫妻俩喜得啥辛苦都不觉得了。

一晃，五六年过去了，叶庆十四夫妻俩虽然年年到镇江揽生意，可一直没等到有人来取箱子，他们也觉得，这一单生意，把他们折腾得很是辛苦。

让他们为难的，还有儿子叶骑门。本来，孩子也到了该送去学堂读书的年纪了，可家中拿不出钱来，而这个孩子，古灵精怪，顽皮得很，虽不至于惹是生非，却也常常麻烦不断。这不，才刚进入初夏，他已是一天到晚在河里蹿上跳下，活像浪里白条。

这天下午，只见叶骑门光着身子一身水地从河里冲回家来，嘴里还说着“宝贝宝贝”的话，举着手里的东西，直喊爹娘看宝贝。

叶庆十四夫妻俩理也不理儿子，只顾着做手中的活。叶骑门拿着东西，送到父亲眼前："父亲你看看，这是啥？"叶庆十四瞧了一眼，是一把锈迹斑斑的钥匙，就说："一把破钥匙，没啥用的，扔了算了。"

钥匙？叶骑门歪着脑袋想了想，冲出门，直奔河边停着的船而去，把叶庆十四吓得赶紧追过去。"小祖宗，那是别人的东西，不能瞎弄，弄坏了，拿什么赔人家？"

"试试看么，没用么，再扔掉。再说，不是的话，又打不开的。"

想想也对，叶庆十四夫妻俩在一旁，紧张地盯着儿子手中的钥匙。

"叭嗒"，只听得一声清脆的响，锁居然被打开了。

打开箱子盖，是一个相当漫长的过程，里面有着太多的复杂的心理活动。

当盖子打开，三个人的眼睛全都发直了，愣在那儿无法动弹。

一箱子整条整条的金子，每一条上面都刻着五个字"天赐叶骑门"。

叶家凭着这一整箱的金条，迅速成了同里的首富。

发家奇特，败家也很凄惨。

叶骑门进了学堂读书，先生给起了个大号叶震宗，叶家又在同里造了房子，起名水花园。

二三十年过去，朱元璋扫平天下，建立了大明王朝，征集天下富户，迁往南京，以建设京城，叶震宗也在征调之列。叶震宗不愿意去，贿赂权贵，不想，事情败露。朱元璋大怒，下令将其满门抄斩。

可怜，刚过上没几天的好日子，转眼就到头了。

叶震宗托心腹，把还在襁褓中的第四个儿子叶福四偷偷带出，逃往分湖边的陆姓亲戚家。叶福四改姓，侥幸存活了下来，直到几十年后，风波平息，才又改回叶姓。叶福四成为叶氏分湖支的始迁祖，他居住的村子就是现在的叶家埭，他的后人，不光有满门风雅的午梦堂群体成员，还有辛亥革命风云人物叶楚伧。

从《耕乐》走进同里

文 / 张孝祥

因看到一本名为《耕乐》的四季刊物，才知道苏州同里古镇。这本带着浓浓的江南水乡韵味的刊物，封面就是一幅古镇的水墨画，页面上有八个字：醇正水乡，品味江南。打开刊物，立即被版面设计和文章所吸引，每一页和每一篇文章，都流露出刊物编辑对同里古镇的浓浓乡情。被这本刊物吸引，我走进了同里古镇。

因为是节日之后，没有多少游人，没有喧嚣，静谧还原了同里古镇的真实面貌。萦绕在古镇大街小巷内的静静流淌着的河水，小舟“吱吱呀呀”的摇橹声，仿佛在娓娓述说着那穿越千年的小镇里的历史沧桑、人文典故。

我悠闲地漫步在古镇的每一个景点。大凡到这里来的游人，首先参观的是近二百年历史的退思园，我也不例外。看到“退思”二字，很自然地想起“进思尽忠，退思补过”这句话。园林的主人任兰生是清代同治、光绪年间曾国藩手下的一名武官，后遭到弹劾被贬削职，回同里后，开始营建退思园。这是一座典型的南方园林建筑，亭台楼阁、池塘画舫，精美而富有情趣。这里还设立了一个展厅，介绍此园的历史文化和来参观过园林的国家领导人、文化名人。这些无疑给退思园增加了更多的色彩。历史的沧桑和今日的文化交错，更增添了对退思园的无尽的遐想。这里的嘉荫堂构建奇妙，处处显示着中国园林内在蕴含的文化和寓意，让人更能感受到恬淡和宁静。而崇本堂则是雕刻精巧的博物馆，此堂并不大，只有三进，但从门楼的砖雕到长短窗腰

板上的木雕，极其丰富而精致，所雕刻内容有《红楼梦》《西厢记》以及各种寓意吉祥、美好的故事，深浅浮雕皆可见雕刻技术之精湛，刀法之娴熟，令人赞叹不已。

最让我感兴趣的还是陈去病这位著名人物的故居，它坐落在古镇的三元街，大门朝西，房屋临河而立，古朴、庄重，安静地伫立在老街一隅。人去屋空，一代名人已逝，但走进屋内，还能感受到这位辛亥革命时期的风云人物当年的风采和立志报效国家的满腔热忱，他那荡

气回肠的诗篇仿佛在耳边回响……

故居里有专门介绍他的展厅，何香凝、柳亚子、杨天骥等著名的辛亥革命时期的人物均有题词。陈去病（1874—1933），辛亥革命时期叱咤风云的人物，曾先后任孙中山北伐大本营的宣传主任、广东护法军政府参议院秘书长、江苏革命博物馆馆长、东南大学教授等职。孙中山先生亲切地称誉他“十年袍泽，患难与共”。陈去病出身于一个商人家庭，有“江湖任侠之风”，自幼聪颖过人，学识超群，但是性情急躁，负气慷慨，母亲曾给他取字佩忍，要他一生以忍让为本，平安度日。陈去病很早就从事爱国救亡运动。1902年，他走出同里，到上海参加了蔡元培等发起组织的进步教育团体——中国教育会。1903年，他赴日本考察，之后又加入拒俄义勇军、中国同盟会等革命团体，组织过神交社、秋社，是革命文学团体南社的创始人。他也是鉴湖女侠——秋瑾烈士的同志与战友。孙中山先生去世之后，他与许多老友政见不一，思想渐渐消极，常处于矛盾彷徨之中。晚年他拒绝出任江苏省政府主席，也陆续辞去了其他党政职务。1930年，他担任江苏革命博物馆馆长，专门从事文史研究，后常回同里，与报恩寺住持往来甚密，听经寻求超脱。1933年8月，陈去病不幸离世。

陈去病的故居有一座百尺楼，取名百尺，有“百尺竿头，更进一步”之意。这是他藏书和写作的地方，一楼一底，十分俭朴。他所编著的《百尺楼丛书》，即以此楼而定名。陈去病不仅是一名满腔热血的爱国革命志士，还是近代的著名诗人，著作颇多，主要作品有《浩歌堂诗钞》《明遗民录》《松陵文集》《吴江诗录》等。陈去病还爱好收集古碑，现在故居里还存有宋、元、明、清的碑刻十余块，“百尺楼高兴正酣，元龙豪气冠江南”。该故居已经成为江苏省的重点文物保护单位。

与陈去病故居隔河相望的是南园茶楼，其始建于1898年，历经时代变迁，

现是中国最古老且仍在经营着的百年茶楼，是当之无愧的“江南第一茶楼”。该茶楼北面临街，东面、南面临河，两条河在茶楼交汇成为“十字港口”，构成同里的八景之一——“南市晓烟 ”。茶楼两层，老街小河古树相伴，景致动静相宜，二楼品茗对弈，听小曲小调，环境舒适宜人。茶社原名“福安茶馆”，南园茶楼取代福安茶馆是源于陈去病先生。陈去病家与茶楼隔河相望，他常乘小舢板到茶楼与柳亚子等进步文人或畅饮笑谈，或针砭时政。进步文学团体南社就是陈去病与柳亚子在茶楼策划而成。从此，南园茶楼充溢着文化氛围，也成为辛亥革命党人的一个重要活动场所。

我久久地站在这个茶楼前，仿佛看见陈去病、柳亚子这些以拯救民族、国家为己任的革命志士、文学先锋在积极策划，在身体力行，抛弃一切个人私利，与社会的腐恶势力做着不懈的斗争！他们可歌可敬，他们都是对中国有所担当的人。他们正朝我走来，我满怀敬意，向他们致敬！

因为时间关系，还有很多著名景点没有能去游览，还是留一点空间和一点念想，以后再来游览吧。同里不仅有优越的自然环境，鱼米之乡也是令人向往的，更重要的是它是义化之府，有一大批历史文化名人，可谓人文荟萃。这些名人在科技、教育、文艺、经济等各个方面学有所长、业有所就，为民族的解放，为振兴中华、建设家乡做出了卓越的贡献。

2019 年“同里杯”
全国围棋段位赛（升段组）落子同里

7 月 8 日 12:30，2019 年“同里杯”全国围棋段位赛（升段组）在同里湖度假村正式开赛。此次升段赛由中国围棋协会、国家体育总局棋牌运动管理中心主办，江苏棋院、中共吴江区委宣传部、吴江经济技术开发区管理委员会、苏州市吴江区文体广电和旅游局、同里镇人民政府承办。

本次比赛共吸引来自全国各地的 130 位职业棋手参赛，中国围棋协会主席林建超参加开幕式并宣布此次升段赛开赛。简短的开幕式结束后，选手们瞬间进入黑白子的“乾坤”中，有的泰然自若，有的一脸沉思，每名棋手都谨慎对待每一次落子。

近年来，同里古镇以同里天元文化苑为传播载体，积极开展各类围棋赛事，开创了“围棋 + 旅游”的发展新模式。围棋已成为同里文化基因里不可或缺的重要组成部分，成为同里旅游发展的重要推手。

第七届“中信置业杯”
中国女子围棋甲级联赛同里落子

2019年7月19日，第七届“中信置业杯”中国女子围棋甲级联赛——同里专场，在同里天元文化苑落子。本轮比赛由江苏致远队对阵杭州云林决破队。

上午10:30，比赛正式开始。现场共计三台慢棋进行比赛，每方用时2小时45分，保留5分钟读秒。第一台由於之莹对阵吴依铭，第二台由尹渠对阵高星，第三台由王晨星对阵方若。

中国女子围棋甲级联赛是由中国围棋协会主办的围棋比赛，每年举行一届。截至2019年，已连续举行7届。

同里古镇
召开 5A 管理质量整改提升动员会

2019 年 7 月 31 日，文化和旅游部在京召开 2019 年全国 A 级旅游景区质量提升电视电话会议。会议通报了国家 5A 级旅游景区复核检查和处理情况，对 2019 年全国 A 级旅游景区质量提升工作进行了部署。

为认真贯彻落实全国旅游景区质量，提升电视电话会议精神，同里镇人民政府召开同里镇 5A 管理质量整改提升动员会。针对会议通报的有关问题，对照国家 5A 级景区质量等级评定的有关标准，认真研究存在问题，迅速行动，全力以赴落实整改。

会上通过《同里国家 5A 级旅游景区整改提升方案》，明确整改标准、整改时限、责任部门，将整改提升工作作为景区首要任务来抓。景区上下将真抓实干，落实整改，并形成长效管理机制，确保整改工作取得实效不反弹。

《禅解红楼梦》
新书分享会在同里举行

2019年8月17日下午,《禅解红楼梦》首场新书分享会在同里古镇举办,原著作者、中山大学哲学博士陈嘉许,上海古籍出版社专家、学者,同里镇人民政府相关领导以及文学爱好者们齐聚一堂,畅谈心得。

《禅解红楼梦》一书,第一次按照《红楼梦》的章回次序,与主要情节一一对应,以禅理详细解读《红楼梦》,也让读者再次见识了这一经典文本的深厚底蕴。在陈嘉许笔下,《红楼梦》中的人名、物名,乃至关键情节、整体构架,无一不是曹雪芹体悟世间的见证。

分享会上,陈嘉许通过《红楼梦》的学术价值、"梦幻"主旨、"太虚幻境"主线、学术背景这四个方面,带领读者跟随曹公的足迹,体悟人生的百般滋味、千种风情,获得一种透彻澄明的体验。

同里四次蝉联“2019 年度卓越奖”

2019 年 8 月 19 日，全球领先的旅游规划和预订平台猫途鹰（TripAdvisor）于苏州工业园区香格里拉大酒店举办了 2019 年度猫途鹰苏州地区获奖业者颁奖活动。同里古镇荣获“2019 年度卓越奖”，这也是同里连续第四次获得“卓越奖”。

猫途鹰是全球领先的旅游网站，主要提供来自全球旅行者的点评和建议，全面覆盖全球的酒店、景点、餐厅、航空公司，以及旅行规划和酒店、景点、餐厅预订功能。猫途鹰及旗下网站在全球 49 个市场设有分站，月均独立访问量达 4.15 亿。“卓越奖”的获奖者是基于过去一年间猫途鹰全球上亿旅行者分享的海量点评和建议，代表了全球游客对获奖商户服务、硬件设施和性价比的高度认可。这也意味着同里古镇在过去的一年中，获得了旅游者的高度认可和喜爱。

今年，苏州地区共有 66 家旅游商户获得猫途鹰的奖项，包括“卓越奖商户 64 家，以及“旅行者之选（Traveler's Choice）”商户 2 家。

除了同里古镇，金鸡湖、周庄、留园、虎丘等人气景区，也名列今年的苏州市“卓越奖”商户，获得了全球旅行者的高度评价。

同里简园
获评“苏州乡村旅游十大精品民宿”

近日，“2019 年度苏州乡村旅游十大精品民宿”评选结果出炉，吴江的同里简园以评分第一光荣上榜！

简园位于同里古镇，建筑系明清结构，小而精致。庭院由一方水池和两条小溪构成，形成“禅语思源”“浅溪泛月”“浮舟乐琴”“枫石流瀑”四个小景。

据悉，此次“苏州乡村旅游十大精品民宿”评选活动中，参评民宿需要满足标志性、创新性、实用性和规范性四项标准，既要具有深厚的文化底蕴，主题特色鲜明、内涵丰富，又要有设计新颖、装饰独特的建筑，自身风格明显并且与周边环境和谐一致，还要在民宿的各项服务中体现人文关怀，为游客营造满意、舒适的游玩环境。

同里，从 2000 年推出首批 13 家民居客栈，经过十多年发展，从无到有、从少到多、从有到优，目前已形成近 200 家的规模，老中式、新中式、欧式等各种风格，成为同里旅游一大特色，帮助游客到同里后，实现从简单的感官享受到全身心深度体验的转变。

同里古镇
荣获“最一路畅通景区”“最受好评景区”奖

2019 年 9 月 17 日，由人民日报社指导、《国家人文历史》杂志社与人民文旅主办、高德地图承办的 2019 中国文旅品牌影响力大会·大国之旅景区评选活动在杭州举行。会上，正式揭晓了大国之旅景区评选的榜单结果，同里古镇荣获 2019 中国文旅品牌影响力大会 · 大国之旅评选“最一路畅通景区”“最受好评景区”奖 。

此次的评选活动除了高德地图大数据以外，还有人民网舆情大数据、专家评审与媒体评审。同时，还邀请普通大众，以投票的形式，共同对景区受欢迎度进行综合评测。除了景区综合十强，本次活动还评选出了最受欢迎景区奖、最受好评景区奖、智慧景区建设先锋奖、最受欢迎国风景区奖等十个单项奖榜单。

防风险　保安全　迎国庆

为迎接新中国成立 70 周年大庆，牢守消防安全底线，9 月 20 日下午，苏州市消防大队联合同里古镇，在退思园内开展消防演练。

演练开始，12 名消防队员按照各自分工，一组队员拿着消防水管，枪头对起火区域进行扑灭；另一组队员拿着救援工具，进入现场搜救被困人员。消防队员们配合默契、动作规范、灭火迅速，整个过程有条不紊地进行。

防风险，保安全，迎大庆。在各部门的密切配合下，此次景区消防演练取得圆满成功，为迎接新中国成立 70 周年大庆，创建平安氛围，更为古镇景区旅游安全事业起到了保驾护航的作用。

食品安全检查“回头看”

为积极配合同里古镇 5A 级旅游景区复核迎检以及“中秋”“国庆”节日餐饮单位食品安全保障工作，近日，同里镇组织市场监督管理局开发区（同里）分局、同里派出所和同里镇综合执法局等单位，对 9 月 10 日检查中发现存在食品安全隐患的餐饮单位开展“回头看”检查行动。

检查组对各餐饮单位是否存在食品放置不规范、健康证失效、消防设备缺失等问题进行了集中检查，对检查中发现的问题，及时提出整改意见，现场监督整改落实。

本次共检查餐饮单位 16 家，检查过程中，大多数餐饮单位积极地就存在的问题进行整改，整体效果良好。